La antigua Grecia para niños

Una guía fascinante de la historia de Grecia, de la civilización micénica, la guerra de Troya, la edad de oro de Pericles, el periodo helenístico y las conquistas romanas

© **Copyright 2023**

Todos los derechos reservados. Ninguna parte de este libro puede ser reproducida de ninguna forma sin el permiso escrito del autor. Los revisores pueden citar breves pasajes en las reseñas.

Descargo de responsabilidad: Ninguna parte de esta publicación puede ser reproducida o transmitida de ninguna forma o por ningún medio, mecánico o electrónico, incluyendo fotocopias o grabaciones, o por ningún sistema de almacenamiento y recuperación de información, o transmitida por correo electrónico sin permiso escrito del editor.

Si bien se ha hecho todo lo posible por verificar la información proporcionada en esta publicación, ni el autor ni el editor asumen responsabilidad alguna por los errores, omisiones o interpretaciones contrarias al tema aquí tratado.

Este libro es solo para fines de entretenimiento. Las opiniones expresadas son únicamente las del autor y no deben tomarse como instrucciones u órdenes de expertos. El lector es responsable de sus propias acciones.

La adhesión a todas las leyes y regulaciones aplicables, incluyendo las leyes internacionales, federales, estatales y locales que rigen la concesión de licencias profesionales, las prácticas comerciales, la publicidad y todos los demás aspectos de la realización de negocios en los EE. UU., Canadá, Reino Unido o cualquier otra jurisdicción es responsabilidad exclusiva del comprador o del lector.

Ni el autor ni el editor asumen responsabilidad alguna en nombre del comprador o lector de estos materiales. Cualquier desaire percibido de cualquier individuo u organización es puramente involuntario.

Índice

INTRODUCCIÓN — 1

CAPÍTULO 1: LOS MICÉNICOS Y LA GUERRA DE ROYA — 2

CAPÍTULO 2: LOS JUEGOS OLÍMPICOS — 9

CAPÍTULO 3: ATENAS Y ESPARTA — 15

CAPÍTULO 4: LAS GUERRAS GRECO-PERSAS — 23

CAPÍTULO 5: LA EDAD DE ORO DE PERICLES — 30

CAPÍTULO 6: LA GUERRA DEL PELOPONESO — 35

CAPÍTULO 7: FILIPO Y ALEJANDRO DE MACEDONIA — 40

CAPÍTULO 8: LA ÉPOCA HELENÍSTICA — 47

CAPÍTULO 9: LAS CONQUISTAS ROMANAS — 51

CAPÍTULO 10: ARTISTAS Y CIENTÍFICOS GRIEGOS FAMOSOS — 56

REFERENCIAS — 63

INTRODUCCIÓN

Ven a sumergirte en el mundo de los antiguos griegos. Tanto los padres como los niños disfrutarán aprendiendo lo que hizo de la antigua Grecia una civilización tan asombrosa y viendo por qué el mundo moderno les debe tanto. Desde sus mitos y su cultura hasta sus guerras y su derrota final ante los romanos, este libro lo abarca todo.

Por ejemplo, ¿sabías que los griegos fueron de los primeros en descubrir la forma de escribir su idioma? La lectura es tan común hoy en día que es fácil dar por sentado que la gente siempre lo ha hecho. Los griegos escribían sobre sus buenos y malos líderes, contaban historias fantásticas sobre sus dioses y diosas, y a veces

https://commons.wikimedia.org/wiki/File:Helene_Paris_Louvre_K6.jpg

hacían ambas cosas a la vez. Los historiadores tienen un trabajo difícil tratando de separar la realidad de la ficción en la antigua Grecia, pero al menos siempre están entretenidos.

Este libro también permite a los lectores conocer de cerca a los primeros atletas olímpicos, al rey espartano Leónides y a Alejandro Magno. Prepárate para subir a tu máquina del tiempo y ver cómo empezó y prosperó la civilización en esta parte del mundo.

CAPÍTULO 1: LOS MICÉNICOS Y LA GUERRA DE TROYA

Los **micénicos** fueron la primera **civilización** de **Grecia**, y duraron desde aproximadamente el año 1600 a. C. hasta el 1100 a. C. En la actualidad, Grecia está formada por una **península** y varias islas en el sureste de Europa. Pero, ¿qué significa ser «de algún sitio»? Al fin y al cabo, si nos remontamos lo suficiente, casi todo el mundo viene de otro lugar. Los micénicos eran probablemente una mezcla de gente que venía de la zona del norte del mar Negro y de la civilización **minoica** de la isla de **Creta**.

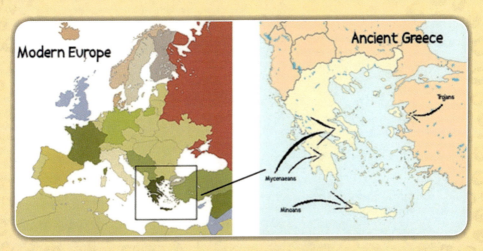

Una de las principales razones por las que los historiadores *probablemente* solo sepan esto es porque no han averiguado cómo leer la lengua minoica. Los historiadores han tenido que observar las similitudes de cosas como el arte, los edificios y los alfabetos para hacer buenas conjeturas sobre la conexión minoica-micénica. Los historiadores también pueden aprender mucho a través de la **historia oral**, que es el nombre de las historias que la gente se cuenta en lugar de escribirlas. A veces cambian un poco a medida que una persona se lo cuenta a la siguiente, ¡como un juego de teléfono que dura cientos de años!

Una de las historias orales micénicas es la del **rey Minos** de Creta, de donde procede el término «minoico». El rey Minos era hijo del dios griego

Zeus y de una mujer mortal llamada **Europa**. Después de que su hijo muriera en una guerra con la **ciudad-estado** micénica de **Atenas**, Minos exigió que Atenas enviara siete niños y siete niñas cada año para que fueran devorados por su bestia llamada el **Minotauro**. El Minotauro tenía el cuerpo de un humano gigante y la cabeza de un toro, y vivía bajo el palacio de Minos en un complicado **laberinto**. Este ritual duró hasta que un héroe llamado **Teseo** se ofreció para ir a poner fin a la matanza, y luchó y mató al Minotauro en una sangrienta batalla. Teseo escapó del laberinto con la ayuda de **Ariadna**, la hija de Minos, y los dos volvieron juntos a Atenas.

https://commons.wikimedia.org/wiki/File:Minotaur.jpg#file

https://flyclipart.com/jigsaw-puzzles-hedge-maze-labyrinth-labyrinth-clipart-913499

Entonces, ¿qué nos dice esta historia? Bueno, nos permite saber que los minoicos y los micénicos eran **rivales**, lo que significa que eran igual de poderosos y a menudo luchaban entre sí. También nos dice que probablemente hicieron la paz a través del matrimonio de personas importantes. Después de todo, Ariadna era una princesa minoica y Teseo un príncipe micénico. Al menos en el relato. Pero las historias suelen tener algo de verdad, incluso las historias salvajes sobre un adolescente que lucha contra un toro-monstruo asesino en medio del laberinto especial de un rey loco. Como se trata de una historia oral, los detalles son a veces diferentes según a quién se la escuche. En algunas versiones, Teseo utiliza una espada para derrotar al Minotauro, pero en otras lo hace solo con sus manos. Sin embargo, Teseo siempre vence al Minotauro y salva a los niños griegos del malvado rey Minos.

¿Qué hizo que la cultura micénica floreciera y sobreviviera durante tanto tiempo? Duró unos 500 años, ¡más del doble de lo que Estados Unidos ha sido un país! Una de las principales razones fue que Micenas, su principal ciudad-estado, era una enorme fortaleza. Durante cientos de años, su gente pudo vivir detrás de sus muros, a salvo de sus enemigos. Cuando la gente está a salvo, puede preocuparse de algo más que de la supervivencia.

Joyofmuseums, CC BY-SA 4.0
<https://creativecommons.org/licenses/by-sa/4.0>,
via Wikimedia Commons https://commons.wikimedia.org/
wiki/File:Lion_Gate_-_Mycenae_by_Joy_of_Museums.jpg

Esto suele conducir a una **edad de oro** para las civilizaciones, y es cuando cosas como el arte, la música, los deportes, los juegos y todas las cosas divertidas de la vida son comunes. Después de todo, ¿podrías disfrutar de un día de playa si hubiera un montón de gente peleando por ella? Ahora que lo pienso, pelearse en la playa es algo que hicieron los micénicos al final de su edad de oro. Lucharon durante *diez largos años* en las costas de otra gran ciudad-estado rival llamada **Troya**.

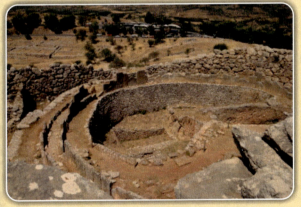

Zde, CC BY-SA 4.0
<https://creativecommons.org/licenses/by-sa/4.0>,
via Wikimedia Commons https://commons.wikimedia.org/
wiki/File:Grave_Circle_A,_Mycenae,_201516.jpg

Al otro lado del **mar Egeo**, en lo que ahora es el país de Turquía, había una ciudad-estado llamada **Troya**. Los habitantes de Troya se llamaban **troyanos**, y la historia de la guerra de Troya comienza cuando sus dos príncipes hicieron una visita real al **rey Menelao** de **Esparta**. El príncipe mayor, **Héctor**, era conocido como el mejor guerrero de toda Troya. Pero fue el príncipe más joven, **Paris**, el que comenzó todo el problema cuando vio a la hermosa esposa del rey, la **reina Helena**. Dependiendo de la versión que escuches, Paris y Helena se enamoraron y huyeron juntos, o ella fue secuestrada por el joven príncipe y llevada de vuelta a Troya. En cualquier caso, el **rey Agamenón** de Micenas utilizó el incidente para convencer a Menelao de que declarara la guerra a Troya en algún momento del año 1200 a. C.

Cuando Héctor y Paris regresaron a Troya con Helena, su padre (el **rey Príamo**) sabía que los problemas llegarían detrás de ellos. Agamenón y Menelao no tardaron en llegar a sus costas con más de 1.000 barcos, ¡y la guerra de Troya había comenzado! Por desgracia para los griegos, las murallas de Troya eran demasiado altas, demasiado fuertes y estaban demasiado bien vigiladas para que pudieran entrar en la ciudad. Afortunadamente para los griegos, contaban con un poderoso guerrero y semidiós llamado **Aquiles**. En la historia de los griegos, Aquiles fue

https://upload.wikimedia.org/wikipedia/en/5/58/Triumph_of_Achilles_in_Corfu_Achilleion.jpg

sumergido en el mágico **río Estigia** por su madre, que lo sostenía boca abajo agarrado por el pie. La magia del río le hizo casi invencible, excepto por el talón por el que su madre le sujetaba.

Tras años de lucha contra los troyanos sin una victoria clara, Aquiles se aburrió y le dijo a Agamenón que se marchaba. A su mejor amigo, **Patroclo**, le preocupaba que los demás griegos lo vieran partir y se rindieran. Tomó la armadura de Aquiles y condujo al ejército griego a la siguiente batalla para que creyeran que todavía estaba con ellos. Cuando el príncipe Héctor vio a Patroclo con la armadura, lo confundió con el verdadero Aquiles. Héctor luchó y mató a Patroclo, descubriendo —solo después— que no era el gran héroe griego. Enfurecido, Aquiles volvió a desafiar a Héctor a un combate uno a uno. Aquiles demostró ser el guerrero más fuerte y mató a Héctor ante las puertas de Troya.

Aun así, Troya no se rindió y los griegos no pudieron entrar en las murallas durante diez años. Fue entonces cuando otro líder griego llamado **Odiseo** tuvo una gran idea. Siguiendo su plan, el ejército griego se alejó durante la noche para que los troyanos creyeran que finalmente se habían rendido y vuelto a casa. Dejaron un gigantesco caballo de madera en la playa como regalo a los troyanos para honrar su victoria. Sin embargo, dentro del caballo de madera había varios guerreros griegos, entre ellos Odiseo. Creyendo que estaban a salvo, el rey Príamo aceptó el regalo. Llevaron el caballo al interior de la ciudad, y toda Troya celebró que la guerra había terminado. Solo la hija de Príamo, la **princesa Casandra**, advirtió que era un truco. Ella había nacido con el don de la **profecía**, lo que significaba que podía ver algunas partes del futuro. Sin embargo, también había sido maldecida por el dios **Apolo** para que nadie la creyera.

Cuando terminaron las celebraciones y los troyanos estaban durmiendo, Odiseo y los guerreros griegos salieron sigilosamente del caballo de madera y abrieron las puertas de la ciudad. Todos los griegos que habían salido en sus barcos habían regresado, y atacaron a la ciudad, la incendiaron y derrotaron fácilmente a los sorprendidos troyanos. Durante esta última batalla, Paris disparó a Aquiles en el talón con una flecha envenenada, matando al gran guerrero. Por ello, el término «**talón de Aquiles**» se sigue utilizando hoy en día para describir el punto débil de alguien. Tanto Paris como el rey Príamo fueron finalmente superados y asesinados por el ejército invasor, y la princesa Casandra

https://pixabay.com/es/photos/troya-caballo-troyano-guerra-5018053/

fue capturada y llevada de vuelta a Micenas por el rey Agamenón. Cuando el rey Menelao encontró a Helena, levantó su espada para matarla, pero no pudo hacerlo. Ella regresó con él a Esparta para volver a ser su reina.

La historia de la guerra de Troya fue escrita por un poeta ciego llamado **Homero** en sus relatos llamados <u>La Ilíada</u> y <u>La Odisea</u>, pero muchas otras personas la han contado innumerables veces. Cada persona que la cuenta suele hacerlo de forma un poco diferente. De hecho, si compruebas los detalles de la historia de este libro, encontrarás que otra persona ha contado partes de la historia de otra manera. Eso es lo divertido de la historia griega y a la vez un problema para los historiadores: simplemente no saben cuál es la versión correcta. Sin embargo, creen que la guerra ocurrió realmente y que los reyes, reinas, héroes y heroínas eran personas reales. Muchos de los acontecimientos fueron exagerados y es poco probable que los dioses y diosas estuvieran involucrados, pero es una historia difícil de olvidar.

Capítulo 1: Actividad de vocabulario:

Puedes emparejar cada palabra, persona o lugar con la descripción correcta?

1) Ciudad-estado
2) Minotauro
3) Ariadna
4) Casandra
5) Micenas
6) Troya
7) Laberinto
8) Historia oral

a) La principal ciudad-estado de los micénicos
b) Una princesa troyana
c) Un complicado laberinto
d) contarla historia enfoma de cuentos en lugar de escribirla
e) Una ciudad-estado rival de los micénicos
f) Un pais del tamaño de una ciudad
g) Un mostruo con cuerpo humano y cabeza de toro
h) Una princesa monoica

CAPÍTULO 2: LOS JUEGOS OLÍMPICOS

https://pixabay.com/es/photos/grecia-olympia-sitio-106227/

Hoy en día, casi todo el mundo ha oído hablar de los Juegos Olímpicos, pero ¿sabías que comenzaron en la antigua Grecia en el año 776 a. C.? ¡Eso es hace casi 3.000 años! Todos los hombres libres de habla griega podían participar en las competiciones atléticas.

Por desgracia para las mujeres de la antigua Grecia, no existían las Olimpiadas femeninas y no se les permitía competir contra los hombres. La sociedad griega antigua también tenía **esclavitud**, y los **esclavos** también tenían prohibido competir. La esclavitud es cuando las personas son obligadas a trabajar y no tienen la misma libertad que otras personas, y es algo que ha existido en muchos lugares a lo largo de la historia. La esclavitud en la antigua Grecia es un tema que este libro tratará con más detalle más adelante y era diferente de la esclavitud en los primeros Estados Unidos en algunos aspectos importantes.

La versión de los Juegos Olímpicos de la Antigua Grecia habría sido muy diferente de los Juegos Olímpicos que has visto. En primer lugar, ¡todos los atletas competían desnudos! En segundo lugar, solo había competiciones individuales. No había deportes de equipo como el baloncesto, el fútbol o incluso las carreras de relevos. Por último, muchas de sus competiciones no existen en los Juegos Olímpicos modernos. Aunque tenían pruebas como la carrera, la lucha y el boxeo, también tenían otras que nos parecerían extrañas. Sus juegos estaban estrechamente relacionados con la guerra, y la velocidad y el combate eran las habilidades más importantes para los atletas. Los atletas ganadores eran considerados los mejores guerreros de la antigua Grecia. Por ello, no había premios para el segundo o tercer puesto. Solo los ganadores de cada prueba eran recompensados con una corona de hojas de olivo llamada **guirnalda**.

Pruebas de carrera

Cuando te enteraste de que los atletas olímpicos de la antigua Grecia competían desnudos, probablemente no pensaste en su calzado. Pero eso es lo que hacía que sus pruebas de carrera fueran las más diferentes de los juegos modernos: los corredores tenían que ir descalzos. Los primeros Juegos Olímpicos de la antigüedad solo contaban con una carrera llamada **stadion** (estadio). Veinte hombres a la vez se alineaban para un recorrido de 700 pies (213 metros) para ser nombrado el hombre más rápido de Grecia. Los juegos posteriores introdujeron carreras más largas y combinaron la carrera con otras pruebas.

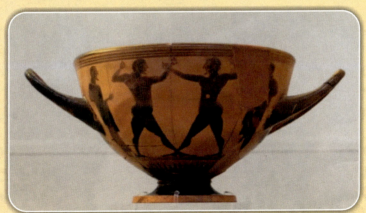

The Heidelberg Painter Ca. 560 BC Corinth, Archaeological Museum, CP 881 On display in Olympia, "Museum of the History of the Olympic Games in Antiquity Attribution-ShareAlike 2.0 Generic (CC BY-SA 2.0) < https://creativecommons.org/licenses/by-sa/2.0/> via Flickr.com, https://www.flickr.com/photos/69716881@N02/46820169155/

Pancracio

La lucha y el boxeo eran deportes separados en los Juegos Olímpicos de la Antigua Grecia, pero también se combinaban en un deporte llamado

pancracio, muy parecido a las modernas **artes marciales mixtas**. Los competidores se cubrían de aceite de oliva para dificultar el agarre de su oponente, y los combates podían llegar hasta la muerte si el atleta perdedor se negaba a rendirse. Las únicas reglas eran no morder y no sacar los ojos del oponente.

RickyBennison, CC0, via Wikimedia Commons
https://commons.wikimedia.org/wiki/File:Greek_Pankratists_2.jpg

Pentatlón

El **pentatlón** era una serie de cinco pruebas diferentes. El nombre viene de las palabras griegas «pente», que significa cinco (como un pentágono tiene cinco lados) y «Athlon», que significa competición. En la versión griega antigua del pentatlón, los deportes eran carrera, salto de longitud, lanzamiento de disco, lanzamiento de **jabalina** (lanza) y lucha.

Internet Archive Book Images, No restrictions, via Wikimedia Commons
https://commons.wikimedia.org/wiki/File:Greek_athletic_sports_and_festivals_(1910)_(14583572389).jpg

Ecuestre

Las competiciones **ecuestres** eran las más emocionantes y peligrosas de los Juegos Olímpicos de la Antigua Grecia. Eran las pruebas en las que participaban caballos, y la más popular era la carrera de **cuadrigas de cuatro caballos**. Esta carrera llegó a ser tan peligrosa que, con el tiempo, los propietarios de los caballos y de los carros empezaron a contratar a otras personas para que los condujeran, llamados **aurigas**. Sus poderosos caballos daban doce vueltas a una pista llamada **Hipódromo**. La carrera completa duraba aproximadamente una milla, con miles de espectadores gritando su apoyo en cada vuelta. Si los aurigas perdían el control, chocaban con otros carros, se estrellaban contra las paredes y a menudo eran pisoteados por los caballos que venían detrás cuando caían al suelo.

Los antiguos griegos se tomaban estos juegos tan en serio que cualquier ciudad-estado en guerra convocaba una **tregua** temporal. Esto permitía a los atletas y espectadores viajar con seguridad al suroeste de Grecia para participar o ver los juegos. Además, los juegos llevaban el nombre del hogar de sus dioses y diosas más importantes, que creían que vivían en la cima del **monte Olimpo**. La montaña es un lugar real, pero no donde se celebraban los juegos. Se celebraban en un lugar llamado **Olimpia**, llamado así en honor a los juegos. Cuando los atletas competían, creían que estaban demostrando su valía ante sus dioses y diosas, liderados por **Zeus**.

Esta conexión con sus dioses y diosas condujo al fin de los Juegos Olímpicos en el año 393 de la era cristiana. Para entonces, los romanos habían conquistado Grecia y los dirigentes romanos se habían convertido al cristianismo. El emperador Teodosio prohibió los juegos porque las nuevas leyes romanas no permitían adorar a más de un dios. Ese fue el fin de los Juegos Olímpicos hasta que los países europeos empezaron a celebrar competiciones similares en el siglo XIX. En 1896, estos países se unieron para celebrar los primeros Juegos Olímpicos modernos en Atenas y, al igual que los antiguos juegos griegos, se han celebrado cada cuatro años. A diferencia de los griegos, algunos acontecimientos mundiales importantes han interrumpido o cancelado los Juegos Olímpicos modernos. La **Primera Guerra Mundial** provocó la cancelación de los juegos de 1916, la **Segunda Guerra Mundial** perjudicó los juegos de 1940 y 1944, y la **pandemia de COVID-19** retrasó un año los juegos de Tokio de 2020.

Capítulo 2: Actividad de comprensión: Verdadero o falso

¿Puedes averiguar cuáles de las siguientes afirmaciones sobre los Juegos Olímpicos son verdaderas y cuáles son falsas?

1) Los antiguos Juegos Olímpicos se celebraban cada cuatro años.

2) Los Juegos Olímpicos modernos no se han cancelado o retrasado nunca.

3) El pancracio era muy parecido a las artes marciales mixtas modernas.

4) Los antiguos griegos premiaban a los cinco mejores atletas de cada prueba.

5) El lanzamiento de jabalina formaba parte del antiguo pentatlón griego.

6) Las pruebas ecuestres se celebraban en el Hipódromo.

7) Los juegos se celebraban en la base del monte Olimpo.

8) La primera prueba creada para los Juegos Olímpicos fue el estadio.

CAPÍTULO 3: ATENAS Y ESPARTA

Una vez finalizado el periodo micénico, Grecia entró en una **edad oscura** entre los años 1100 y 850 a. C. Las edades oscuras son cuando las civilizaciones comienzan a desmoronarse y la gente lucha por cosas básicas como tener suficiente para comer. Son lo opuesto a una **edad de oro**. Por lo general, no hay

líderes obvios, o los líderes cambian con demasiada frecuencia para conseguir algo. De hecho, una de las principales razones por las que los historiadores las llaman edades oscuras es porque no se sabe mucho sobre ellas. Durante estas épocas se inventan o escriben menos cosas, por lo que son una especie de lagunas en la historia. Recuerda que la historia no es solo lo que ocurrió, sino el registro de lo que ocurrió. Las cosas que no se recuerdan ni se registran ya no se pueden conocer. Las edades oscuras son tristes porque son tiempos difíciles y porque se han perdido para nosotros.

Las dos ciudades-estado griegas más poderosas e importantes que siguieron a la edad oscura fueron Atenas y Esparta. Los antiguos griegos hablaban todos la misma lengua y tenían creencias similares, pero cada ciudad-estado se parecía mucho a un país independiente. Tanto atenienses como espartanos se creían los más «griegos» y los líderes del mundo griego. Finalmente, fue necesaria una guerra de treinta años para resolver la disputa. Sin embargo, durante el llamado **período arcaico**, que duró entre el 800 y el 500 a. C., la rivalidad se mantuvo mayormente en calma.

Atenas durante el periodo arcaico (800-500 a. C.)

Atenas creció y prosperó por dos razones principales. En primer lugar, estaba situada junto al mar y contaba con un puerto para barcos. Esto significaba que los **mercaderes** podían navegar directamente a Atenas con cosas para vender y comerciar desde todo el mar Mediterráneo. Esto trajo mucho dinero y gente a la ciudad-estado. En segundo lugar, estaba construida alrededor de una gran colina llamada **Acrópolis** que era fácil de defender en tiempos de guerra. Así, los atenienses podían permanecer relativamente seguros y otros grupos no podían apoderarse de ella. A diferencia de Esparta, Atenas fue una de las únicas ciudades-estado griegas que no cayó ante los invasores durante la Edad Media.

Como las ciudades-estado funcionaban de forma muy parecida a los países modernos, también tenían sus propios líderes. En el periodo arcaico, Atenas era una **oligarquía**. En lugar de tener un rey, una oligarquía está gobernada por un pequeño grupo de ciudadanos ricos y poderosos llamados **aristócratas**. Este tipo de sistema suele acabar siendo muy bueno para los ricos. Hacen leyes y toman decisiones que les ayudan a ellos mismos, pero no al resto del pueblo. El sistema suele ser injusto para la gente que no tiene derechos ni poder para cambiar las cosas.

La Atenas arcaica tenía líderes llamados **arcontes** que eran elegidos por los aristócratas. Algunos de ellos intentaron hacer algunas **reformas** o cambios en el gobierno. Uno de ellos, llamado **Draco**, decidió que era importante poner por escrito todas sus leyes. En el año 622 a. C. las expuso públicamente en la plaza de Atenas, llamada **ágora**. Estaba cansado de que los aristócratas las cambiaran continuamente o de que se inventaran otras nuevas cada vez que les convenía. Desgraciadamente, las leyes que redactó Draco eran extremadamente duras. No era muy creativo en sus castigos, y la mayoría de las penas eran de muerte. Esto hizo que el sistema fuera más justo, pero aún menos popular, y Draco fue **exiliado**. Hasta hoy, la palabra **draconiano** se utiliza para describir a alguien o algo que es demasiado duro, severo o violento.

https://commons.wikimedia.org/wiki/File:Sparta_Peloponnes.png

Los aristócratas sustituyeron a Draco por **Solón** en el año 594 a. C. Esperaban que creara reformas que calmaran al pueblo de Atenas tras el derramamiento de sangre de Draco, pero que les permitiera mantener el poder. Una de las reformas de Solón fue la creación de la **Asamblea**, a la que los atenienses podían acudir para votar sobre algunas cuestiones importantes. También comenzó a elegir a los jueces con un sorteo para que los atenienses pobres también pudieran ser elegidos. Por último, redistribuyó la tierra e ilegalizó ciertos tipos de esclavitud, lo que supuso el inicio de las ideas **democráticas** en Atenas, donde cada vez más ciudadanos podían participar en el gobierno.

Esparta durante el periodo arcaico (800-500 a. C.)

A diferencia de Atenas, la ciudad-estado micénica de Esparta cayó en manos de un grupo de invasores llamados **dorios** durante la edad oscura. La cultura que se desarrolló allí es una mezcla de dórica y espartana. Se convirtieron en una **cultura guerrera** y siguieron ganando batallas, tomando más esclavos y creciendo en población. Tuvieron dos reyes, cada uno de ellos descendiente de uno de los gemelos que conquistaron Esparta tras la guerra de Troya. La población de Esparta se dividía en tres grupos principales: ciudadanos, periecos (perioikoi) e ilotas.

Los **ciudadanos** espartanos eran personas que podían demostrar que habían nacido espartanos. A veces esto significaba pagar a alguien para que investigara a su familia y demostrara que sus padres, abuelos o bisabuelos no procedían de otro lugar. Si podías demostrar tu ciudadanía, te daban una buena vivienda y ciertos derechos, como tener un juicio si eran acusados de un delito. A los demás grupos no se les prometió esto, pero a los **periecos** al menos se les permitió viajar libremente, poseer tierras y convertirse en comerciantes. Periecos significa «vecinos» porque se trataba de gente de los alrededores de la ciudad-estado de Esparta a los que controlaban. Los **ilotas** eran el grupo más bajo. Eran esclavos que habían sido capturados durante la guerra y llevados a Esparta para cultivar sus tierras. Podían comprar más tierras, pero técnicamente nunca eran dueños de ellas, y no se les permitía marcharse. En cada cosecha, debían entregar la mitad de la cosecha a sus amos espartanos.

SAWg3rd, CC0, via Wikimedia Commons
https://commons.wikimedia.org/wiki/File:Spartan_Warrior_Agoge.jpg

Para mantener su ejército fuerte, los espartanos empezaron a entrenar a sus niños cuando solo tenían siete años. Los sacaban de sus casas y los criaban en una escuela militar llamada **agogé** hasta los veinte años. Durante este tiempo, eran tratados cruelmente por sus maestros y entrenadores. Los golpeaban y los dejaban a la intemperie para intentar endurecerlos. Les dejaban de alimentar y los obligaban a robar comida para sobrevivir. Si los pillaban, los azotaban como castigo. Los que sobrevivían eran soldados bien entrenados, pero muchos de los chicos morían antes de terminar su escuela. Los espartanos estaban tan obsesionados con ser fuertes para la guerra que abandonaban a los recién nacidos si eran físicamente deformes o demasiado pequeños. Los dejaban a la intemperie para que murieran o fueran encontrados y criados por extraños de las clases periecos o ilotas. Morir en la batalla se

George E. Koronaios, CC BY-SA 4.0
<https://creativecommons.org/licenses/by-sa/4.0>,
via Wikimedia Commons https://commons.wikimedia.org/wiki/File:
The_Ancient_Theatre_of_Sparta_on_May_15,_2019.jpg

consideraba un honor para los hombres espartanos. Cuando partían a la guerra, se les decía que debían volver *con* su escudo (victorioso) o sobre él (muerto). Si intentaban volver sin su escudo, se los consideraba desertores o cobardes y eran **rechazados** por los demás espartanos.

Como la mayoría de los hombres espartanos eran soldados, las mujeres espartanas realizaban muchos de los otros trabajos de la ciudad-estado. Las mujeres eran propietarias de tierras y negocios y se dependía de ellas, especialmente en tiempos de guerra, para mantener las cosas en funcionamiento. Por ello, las mujeres de Esparta estaban mejor educadas y tenían muchas más libertades que las de Atenas. Las mujeres de Atenas no iban a la escuela más allá de los doce años, necesitaban que los hombres las **escoltaran** por la ciudad y no se les permitía votar cuando se convirtieron en una democracia.

Como has visto, la esclavitud era una parte importante de la vida ateniense y espartana. Los esclavos en Grecia solían ser personas capturadas cuando su ciudad o pueblo era tomado en la guerra, pero también podían ser hechos esclavos como castigo por un crimen. Los esclavos griegos a veces tenían ciertos derechos, y no siempre eran esclavos durante toda su vida. Por ejemplo, si uno debía dinero a alguien en Atenas y no podía pagarlo, podía ser condenado a la esclavitud. Esta condena duraba un tiempo acordado y luego se saldaba la deuda. En Esparta, los ilotas no podían abandonar la tierra en la que vivían, pero tampoco podían ser comprados o vendidos, y se les garantizaba la mitad de lo que cultivaban. Nada de esto hace que la esclavitud esté bien, pero sí la diferencia de la **esclavitud racial** (la posesión de personas de piel oscura) que se desarrolló en los primeros años de Estados Unidos y en otros lugares del mundo. En esta forma de esclavitud, las personas eran consideradas propiedad en lugar de seres humanos y podían ser compradas y vendidas. No solo eso, sus hijos, nietos y todas las personas posteriores nacerían en la esclavitud durante toda su vida. La única salida era que un amo los liberara, pero eso era raro. Los Estados Unidos prohibieron la esclavitud en 1865, tras una sangrienta guerra civil, pero la esclavitud siguió formando parte de la cultura griega hasta el final de la misma.

Capítulo 3: Actividad de la línea de tiempo

¿Sabías que decir que algo ocurrió en el 85 a. e. c. es lo mismo que decir que ocurrió en el 850 a. C.? La abreviación a. e. c. significa «antes de la era común», y a. C. significa «antes de Cristo». Estas abreviaturas se utilizan si las cosas sucedieron antes del año cero. Si los hechos ocurrieron después, se utiliza e. c., que significa «era común», pero también se puede ver d. C., que significa «después de Cristo», o anno Domini («Año de nuestro Señor» en latín). Por ejemplo, es lo mismo decir que la Segunda Guerra Mundial comenzó en 1939 e. c. o 1939 d. C.

El cambio se debe a que estas fechas se utilizan en casi todo el mundo, y alrededor del 70% del mundo no es cristiano. Sin embargo, sería muy confuso que todo el mundo utilizara los calendarios de sus propias creencias religiosas. Todos viviríamos en años diferentes y la historia sería muy difícil de estudiar. Así que se mantuvieron los números, pero se cambiaron los nombres para que fueran más inclusivos con la cultura y las creencias de todos.

En otra hoja de papel, utiliza una regla para trazar una línea de 9 pulgadas de largo. Empezando por el 1 marca cada pulgada hasta llegar a la octava. Encima de cada marca, escribe las siguientes fechas: 1200 a. C., 1100 a. C., 850 a. C., 776 a. C., 622 a. C., 594 a. C. y 500 a. C. Utilizando la lista de acontecimientos que aparece a continuación, escribe cada uno de ellos debajo de la línea de tiempo en la fecha correcta:

Las reformas de Solón, Los primeros juegos olímpicos, El final del periodo arcaico, El comienzo de la edad oscura, El comienzo de la guerra de Troya, Draco escribe las leyes atenienses, El comienzo del periodo arcaico, El final de la edad oscura.

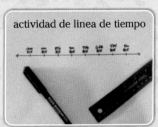
actividad de linea de tiempo

Materiales:
– una hoja de papel
– un boligrafo, lápiz o marcador
– regla

CAPÍTULO 4: LAS GUERRAS GRECO-PERSAS

A pesar de todas sus aventuras, la cultura y el territorio griegos se limitaron a las tierras del mar Egeo y sus alrededores. Todo esto cambió cuando el **rey Ciro el Grande de Persia** comenzó a apoderarse de sus ciudades-estado **jónicas** en la actual Turquía. Esos nuevos territorios significaban que Persia controlaba el enorme territorio que iba desde el mar Egeo hasta el río Indo, en el actual Pakistán. Los jonios derrotados siguieron rebelándose contra los persas, y otras ciudades-estado griegas les enviaron armas para ayudarlos. Los persas decidieron que, para acabar con la **revuelta jónica**, tendrían que conquistar a todos los griegos.

User:Bibi Saint-Pol, CC BY-SA 3.0
<http://creativecommons.org/licenses/by-sa/3.0/>, via Wikimedia Commons https://commons.wikimedia.org/wiki/File:Map_Greco-Persian_Wars-en.svg

En el año 490 a. C., el nuevo rey persa (llamado **Darío I**) envió veinte mil soldados para invadir la Grecia, y desembarcaron cerca de la ciudad de

Maratón para evitar la temida armada ateniense. Planeaban dirigir el ejército hacia Atenas, pero los atenienses reunieron rápidamente un ejército. Unos diez mil soldados griegos corrieron a cortar el paso a la fuerza persa, dirigida por el **general Milcíades**. Los persas abrieron fuego contra ellos con sus **arcos largos**, pero los griegos se agacharon detrás de sus escudos de **bronce** para formar un muro metálico que bloqueara la lluvia de flechas. Milcíades sabía que los superaban en número, y tenía que pensar rápidamente antes de que los sobrepasaran. Alineó a todo el ejército griego y ordenó atacar a las sorprendidas fuerzas persas.

https://commons.wikimedia.org/wiki/File:Greek-Persian_duel.jpg

Todo sucedió tan rápido que los persas no se dieron cuenta de que había menos soldados en medio de la línea griega. Cuando los dos ejércitos se enfrentaron, los persas del centro derrotaron rápidamente a sus oponentes (al principio), pero luego se encontraron atrapados entre las filas más profundas de griegos que habían atacado a su izquierda y derecha. Estaban rodeados, y los soldados griegos, altamente entrenados, se acercaban por ambos lados. Los generales persas vieron el caos y ordenaron una retirada a sus barcos, dejando a más de 6.000 de sus propias tropas muertas, pero menos de 200 griegos habían muerto en la batalla.

Una vez que los persas llegaron a sus barcos, comenzaron a navegar directamente hacia Atenas en una última y desesperada oportunidad de salvar su misión. Uno de los soldados griegos, Feidípides, recibió la orden de correr hacia Atenas antes de que los persas pudieran llegar. Tenía que decirles que habían ganado, pero que la flota enemiga venía ahora por ellos. La mayoría de los atenienses esperaban que su ejército perdiera. Se suponía que la batalla les daría tiempo para hacer las maletas y marcharse para evitar la muerte o la esclavitud. Se sorprendieron cuando Feidípides llegó a entregar su mensaje – jadeando y sin aliento – y luego quedaron devastados cuando cayó muerto por el agotamiento. Había corrido tan rápido como pudo durante 26,2 millas (42 kilómetros) desde Maratón hasta Atenas. La carrera moderna de maratón lleva su nombre en honor a su heroico esfuerzo. Los atenienses rápidamente dotaron de personal a sus barcos, y cuando los persas vieron que la armada estaba preparada para ellos, decidieron volver a casa.

Diez años después, el hijo de Darío, **Jerjes**, era rey y quería terminar lo que su padre había empezado. Esta vez no subestimó al ejército griego y, en el año 480 a. C., los persas enviaron mil barcos de guerra con doscientos mil soldados a través del mar Egeo. Incluso con una fuerza tan grande, querían coger a los griegos desprevenidos. Desembarcaron lejos de ciudades-estado fuertes como Atenas y Esparta.

Eligieron una parte de la costa griega llamada **Termópilas** y, una vez más, planearon la marcha de su ejército hacia Atenas. Los griegos descubrieron este plan, pero ya era demasiado tarde. Los griegos enviaron a la mayoría de sus hombres, dejando solo a trescientos espartanos y a unos mil de sus aliados para asegurarse de que pudieran salir con seguridad. El rey Leónidas I los dirigió.

Los persas, sin embargo, no se dieron cuenta del terrible lugar que habían elegido para desembarcar. Las montañas a un lado y el mar por el otro, los obligaba a marchar hacia un estrecho paso de montaña. ¡Los espartanos lo sabían! Liderados por el rey Leónidas I, llegaron a tiempo para bloquear el camino. El tamaño del ejército persa era inútil en un espacio tan reducido. Solo podían enviar un pequeño número de sus soldados a la vez, y los trescientos guerreros espartanos que se encontraron allí habían estado *entrenando toda su vida* para una lucha como esta. Los persas enviaron oleada tras oleada de soldados al paso, y oleada tras oleada fueron derrotados por Leónidas y los poderosos espartanos.

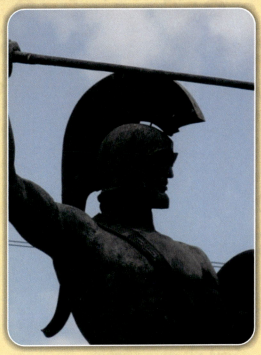

Jean Housen,
CC BY-SA 4.0 <https://creativecommons.org/licenses/by-sa/4.0>,
via Wikimedia Commons https://commons.wikimedia.org/wiki/File:20211113_sparti244.jpg

Cuando Jerjes se dio cuenta de que no podía arrollarlos con su número, envió a sus soldados de élite, llamados los **Inmortales**, a liderar el siguiente ataque. Ellos también fueron derrotados y rechazados. Finalmente, los persas encontraron un camino oculto hasta la cima de los acantilados y dispararon flechas contra los espartanos que estaban abajo. Los trescientos espartanos y la mayoría de los demás griegos murieron, incluido el rey Leónidas.

Sin embargo, los griegos habían hecho su trabajo y retrasaron al ejército

https://commons.wikimedia.org/wiki/File:Battle_between_Ptolemy_and_Demetrius_Poliorcetes_off_Salamis.jpg

persa lo suficiente como para reunir un ejército mucho mayor. Aun así, no pudieron salvar a Atenas, y el ejército persa siguió adelante para capturar y destruir la orgullosa ciudad-estado. Los griegos tomaron la dura decisión de dejarlos tomar Atenas para impedir que se adentraran en territorio griego. Los persas y las fuerzas griegas volvieron a enfrentarse en la batalla naval del **estrecho de Salamina**. Los persas tuvieron un problema similar al que tuvieron en las Termópilas, ya que sus grandes barcos tenían dificultades para maniobrar en la estrecha vía de agua. Los barcos griegos, más pequeños y rápidos, llamados **trirremes**, fueron capaces de remar hacia ellos y embestirlos con su **proa** (la parte delantera del barco), provocando su hundimiento.

https://commons.wikimedia.org/wiki/File:Battle_between_Ptolemy_and_Demetrius_Poliorcetes_off_Salamis.jpg

Tras esta inesperada pérdida, Jerjes huyó de vuelta a Asia, pero dejó la mitad de su ejército con el general Mardonio para intentar acabar con los griegos en la batalla de Platea en el 479 a. C. Una vez más, las tropas griegas estaban muy superadas en número. En comparación con los cien mil soldados persas, las ciudades-estado griegas se combinaron para crear un ejército de unos cuarenta mil soldados dirigidos por **Pausanias**, el sobrino de Leónidas. Se enfrentaron a través de un río, sin que ninguno de los dos bandos quisiera cruzarlo. Los griegos finalmente atacaron, y los persas los bombardearon con flechas. Pausanias ordenó una retirada antes de que llegaran al río, pero todo fue un truco para que los persas cruzaran tras ellos. Una vez que la mitad de su ejército cruzó, una fuerza espartana les tendió una emboscada a ambos lados, y los griegos que se habían retirado antes volvieron a atacar a los persas. Mientras tanto, una fuerza ateniense se escabulló y atacó a los persas que permanecían al otro lado del río. Los persas supervivientes se retiraron y la invasión terminó.

Posteriormente, los griegos formaron la Liga de Delos en el 478 a. C. para defenderse de futuras invasiones y recuperar las ciudades-estado jónicas que aún estaban bajo control persa. Los griegos incluso se apoderaron de algunos territorios persas, pero se los devolvieron en el 449 a. C., cuando ambas partes hicieron finalmente las paces.

Capítulo 4: Actividad creativa

¡Crea un mito griego sobre las guerras persas!

A los antiguos griegos les gustaba mezclar su historia con su mitología. Estas historias solían tener un patrón, así que sigue los siguientes pasos para escribir tu propio mito griego.

1) Crea un héroe o una heroína y dale un nombre que suene a griego.

2) Describe quién es y qué le hace especial.

3) Dale a tu personaje una misión que cumplir o un problema que resolver.

4) Elige un personaje histórico del Capítulo 4 y al menos dos dioses o diosas griegos de la lista que aparece a continuación. Uno de ellos ayudará a tu personaje y el otro intentará detenerlo.

- Zeus: Dios del Trueno y Rey de los Dioses.
- Artemis: Diosa de la caza.
- Ares: Dios de la Guerra.
- Apolo: Dios de la arquería.
- Hefesto: Dios de la herrería y el trabajo de los metales.
- Afrodita: Diosa del amor.
- Atenea: Diosa de la Sabiduría.

5) Utiliza de tres a cinco acontecimientos reales de las guerras greco-persas para explicar cómo tu héroe o heroína logró (o fracasó) completar su misión o resolver su problema.

CAPÍTULO 5: LA EDAD DE ORO DE PERICLES

https://www.pexels.com/photo/the-parthenon-in-greece-5961718/

Después de que Solón hiciera sus reformas en el 594 a. C., otros aristócratas tuvieron la idea de que podían manipular al pueblo de Atenas y utilizar su popularidad para ganar poder. Un aristócrata llamado **Peisístrato** convenció al pueblo de que resolvería todos sus problemas, pero solo lo hizo para ganar el control sobre los demás aristócratas. Consiguió que el pueblo de Atenas le fuera leal y que los demás aristócratas tuvieran miedo de desafiarlo. A esto se le llama **ley de la calle**, y Peisístrato se convirtió en el **tirano** de Atenas del 561 al 527 a. C. Un tirano es alguien que gobierna a través de la popularidad y la lealtad, pero es muy diferente de la democracia. En una democracia, hay leyes y las personas tienen derechos. En una tiranía, el líder puede hacer lo que quiera, y la popularidad no se mide cuidadosamente por los votos. Si pierden popularidad, son derrocados. Esto suele ocurrir cuando no pueden cumplir sus promesas y un nuevo tirano toma el mando. Esto es lo que ocurrió en Atenas hasta que llegó **Cleístenes** en el año 508 a. C. y nació la **democracia ateniense**, dando comienzo al **periodo clásico de la antigua Grecia** (500 - 323 a. C.).

Cleístenes vio que los tiranos podían hacerse con el poder gracias a la lealtad que obtenían de los líderes de los diferentes **clanes** de Atenas. Estos clanes familiares controlaban diferentes partes de la ciudad-estado, y la gente seguía mayoritariamente a los líderes de sus clanes. Para deshacerse de este antiguo sistema de lealtad y convertirlo en algo más democrático, clasificó a todos los habitantes de Atenas en diez nuevos grupos llamados **tribus** que no tenían nada que ver con la familia. Cada una de estas diez tribus era una mezcla de personas de los antiguos clanes, y tenían que cooperar y trabajar juntos en sus nuevos grupos. Esto hizo que la lealtad familiar fuera menos importante para la política, dificultó que los tiranos obtuvieran el poder y facilitó que cada persona tomara sus propias decisiones.

En el año 461, un nuevo líder llamado **Pericles** aumentó la importancia de la Asamblea. Con Cleístenes, la Asamblea votaba algunas cosas, pero los arcontes y los tiranos tomaban todas las decisiones importantes. Pericles cambió esta situación para que la Asamblea votara todas las decisiones importantes, como ir a la guerra y cómo gastar el dinero de la ciudad. Pericles era un **orador** muy hábil y solía convencer a la Asamblea de que

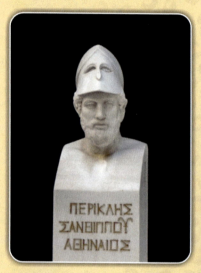

https://pixabay.com/es/photos/pericles-la-edad-de-oro-atenas-4521163/

votara lo que él quería. Esta habilidad podría explicarse por su carrera como actor e intérprete antes de meterse en política. Pericles también se dio cuenta de que, aunque todos los ciudadanos atenienses de sexo masculino podían participar en la Asamblea, pocos acudían. No era porque no les importara o no quisieran, sino porque significaba quitarles tiempo a sus trabajos. Los atenienses pobres y trabajadores no podían hacerlo. Los aristócratas obtenían su riqueza de la tierra que poseían, por lo que no tenían que ir a trabajar como el resto del pueblo. Pericles hizo una nueva ley que pagaba a cada ciudadano por su tiempo de participación en la Asamblea, y el número de personas que acudían a hablar y votar se disparó.

Pericles llevó esta idea más allá y pagó a personas para que fueran jueces y trabajaran en proyectos que embellecieran Atenas. Esto hizo que Pericles siguiera siendo muy popular, y muchas de las famosas ruinas y esculturas que aún se pueden encontrar en Atenas se hicieron durante esta época. El más famoso de sus monumentos fue un enorme templo a la diosa **Atenea** llamado el **Partenón**. Se construyó en la Acrópolis, y su enorme escala y cuidadoso arte eran una celebración de la cultura griega. Representaba su victoria contra los persas, que habían destruido el templo original en la famosa cima de la colina. Durante treinta y dos años, el antiguo templo permaneció intacto y en ruinas como monumento a la guerra. Pericles decidió que por fin había llegado el momento de reconstruirlo, y ahora es uno de los edificios más famosos de todo el mundo. Encima de sus gigantescos pilares de mármol y justo debajo de su techo igualmente marmóreo había una escultura de mármol (lo has adivinado) llamada **friso** que rodeaba todo el templo. Se extendía a lo largo de un increíble metro y medio de perímetro, y sus 114 bloques mostraban escenas de la historia, la cultura y la **mitología** griegas.

Estos cambios hicieron la vida de los atenienses más democrática, más bella y más próspera. Fuera de Atenas, Pericles estaba creando un imperio a través de la Liga de Delos. Se trataba de un grupo de más de trescientas ciudades-estado y territorios dispersos en el mar Egeo y sus alrededores. Formaron una **alianza** (acordaron defenderse y ayudarse mutuamente) en el 478 a. C. para evitar más ataques de Persia. Algunos siguieron siendo **aliados** de Atenas en la época de Pericles, pero otros pasaron a ser controlados por Atenas con más fuerza. Por ello, la Liga de

Zde, CC BY-SA 3.0
<https://creativecommons.org/licenses/by-sa/3.0>, via Wikimedia Commons https://commons.wikimedia.org/wiki/File:Terrace_of_the_Lions_Delos_130058.jpg

Delos también se denomina a veces Liga Ateniense o **Imperio ateniense**. Al ser el líder de sus aliados y controlar los demás territorios, Atenas se hizo muy rica. De hecho, de aquí sacó Pericles todo el dinero para pagar a sus ciudadanos por participar en el gobierno y construir los proyectos de la Acrópolis.

La Liga de Delos pretendía unificar a las ciudades-estado griegas, pero al final empezó a separarlas. Esparta siguió siendo ferozmente independiente y no le gustó que Atenas utilizara la liga para empezar a arrebatar territorio a algunos de sus aliados. La **edad de oro de Atenas** comenzó en el 479 a. C. tras la invasión persa, y terminó en el 431 a. C. con el estallido de la guerra del Peloponeso. Menos de sesenta años después de unirse para expulsar a los persas de Grecia, Atenas y Esparta iniciaron una guerra entre ellos.

Capítulo 5: Actividad de vocabulario:

¿Puedes relacionar cada palabra, persona o ritmo con la descripción correcta?

1) Edad de oro de Atenas
2) Cleísenes
3) Partenón
4) Orador
5) Pericles
6) Clanes
7) Tribus
8) Periodo clásico

a) El templo de Atenea en la Acrópolis
b) E líder que se deshizo de los clanes familiares
c) Un orador y/o polemista
d) El periodo de la historia griega entre el 500 y el 323 a.C.
e) Grupos de lealtad familiar en Atenas
f) El líder que pagaba a la gente para que acudiera a la Asamblea
g) Los nuevos grupos que hicieron más democrática a Atenas
h) La época de paz y prosperidad del 479 al 431 a.C.

CAPÍTULO 6: LA GUERRA DEL PELOPONESO

La guerra del Peloponeso entre Atenas, Esparta y sus aliados duró del 431 al 404 a. C., con decenas de miles de muertos en cada bando. La guerra comenzó por el rápido ascenso al poder de Atenas durante y después de las guerras persas.

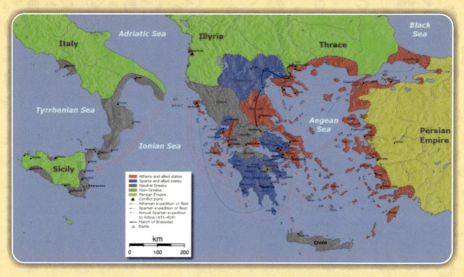

Translator was Kenmayer, CC0, via Wikimedia Commons
https://commons.wikimedia.org/wiki/File:Pelop_war_en.png

Atenas obtuvo este poder a través de la Liga de Delos. Comenzó como un simple juramento y una cuenta bancaria compartida. Todos los miembros acordaron trabajar juntos para evitar otra invasión persa, y todos contribuyeron con dinero llamado **tributo** y lo guardaron en un **tesoro** que se utilizaría para reforzar sus ejércitos y armadas. El problema era que los atenienses controlaban el tesoro, y la principal flota naval la mantenía Atenas. Al cabo de un tiempo, las ciudades-estado se limitaban a pagar a Atenas, y esta decidía cómo utilizar el dinero. Una ciudad-estado llamada **Naxos** acordó que quería abandonar la liga, y Atenas envió su armada para obligarlos a seguir pagando el tributo. La Liga se había convertido en un imperio, y Atenas era su capital.

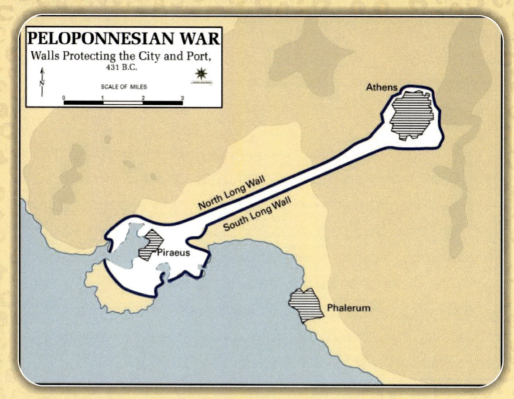

https://commons.wikimedia.org/wiki/File:Pelopennesian_War,_Walls_Protecting_the_City,_431_B.C..JPG

Esparta temía que el poder de Atenas se extendiera hasta desafiarlos, y querían comenzar la lucha antes de que Atenas se hiciera más fuerte. No tenían una armada, así que su primer movimiento fue invadir las tierras que rodeaban a Atenas. Esparta tenía el ejército más fuerte, así que Pericles evitó salir de la ciudad y encontrarse con ellos en campo abierto. Atenas había construido unas fortificaciones llamadas las **Murallas Largas** alrededor de su ciudad y a lo largo del camino de seis kilómetros hasta

https://commons.wikimedia.org/wiki/File:Pelopennesian_War,_Key_Actions_in_each_Phase,_431_-_404_B.C..JPG

la costa del **Pireo**, donde guardaban su enorme flota. Esto mantenía a los espartanos fuera y se aseguraba de que Atenas no quedara aislada de la Liga de Delos, la cual podía enviarles alimentos y suministros.

En el año 430 a. C., una **plaga** mortal (una enfermedad que afectaba a casi todo el mundo) asoló Atenas, matando a la mitad de su población. Pericles murió en el brote y Atenas tuvo que contratar mercenarios de otras ciudades-estado para seguir luchando. Los espartanos temían que la plaga los infectara y se retiraron hasta que pasara. Atenas necesitaba un nuevo plan. Muchos de sus soldados y marineros experimentados murieron, y utilizaron nuevos reclutas y mercenarios para seguir luchando. Utilizaron el tesoro de la Liga de Delos para pagar a todos los soldados que pudieron, y comenzaron a luchar contra los espartanos en campo abierto. Pensaron que si enviaban suficientes soldados a luchar contra ellos, podrían desgastarlos. Los espartanos tenían que entrenar toda su vida, y su número tardaría más en ser reemplazado. Este tipo de

Hans Leonhard Schäufelein, CC0, via Wikimedia Commons
https://commons.wikimedia.org/wiki/File:Representatives_of_Athens_and_Corinth_at_the_Court_of_Archidamas,_King_of_Sparta,_from_the_History_of_the_Peloponnesian_War_by_Thucydides_MET_DP849315.jpg

guerra se llama de **desgaste** —lo que significa que el ejército se reduce debido a los soldados que mueren. Sin embargo, como muchos antes de ellos, los atenienses habían subestimado el ejército espartano.

Atenas no pudo derrotar a Esparta en una batalla abierta, y Esparta no pudo superar las murallas y defensas atenienses. En el año 421 a. C., los dos bandos firmaron una tregua que duró hasta el 413 a. C.

La guerra se reanudó cuando Atenas se involucró en un conflicto en **Sicilia**. Intentaron ayudar a su aliada **Sicilia** contra la ciudad-estado de **Siracusa**. Siracusa era un aliado de Esparta, y vieron esto como una prueba de que la guerra con Atenas era **inevitable**. Para entonces, Esparta había entrenado a los marineros y construido una flota propia, y Atenas ya no podía dominar los mares. Esparta también comenzó a recibir apoyo de un lugar muy poco probable.

Persia había seguido luchando con Atenas y la Liga de Delos mucho tiempo después de que se retiraran de Grecia, y los veían como el mayor problema. Siguieron el dicho **«el enemigo de mi enemigo es mi amigo»** y comenzaron a enviar dinero y suministros a Esparta. En el año 404 a. C., Atenas estaba de nuevo rodeada por sus enemigos. Había perdido casi toda su flota naval a manos del general espartano **Lisandro** en la **batalla de Egospótamos**, y su pueblo estaba ahora al borde de la inanición dentro de su ciudad. Atenas se vio obligada a rendirse, a quemar lo que quedaba de su flota, a ceder sus territorios y a derribar sus murallas. Ahora formaban parte del nuevo imperio de Esparta.

Capítulo 6: Actividad de comprensión

¿Puedes averiguar cuáles de las siguientes afirmaciones sobre la guerra del Peloponeso son ciertas y cuáles son falsas?

1) Atenas atacó a Esparta en el 431 a. C. porque se estaba volviendo demasiado poderosa.

2) Atenas utilizó la Liga de Delos para crear riqueza y poder para sí misma.

3) Los espartanos se aliaron con Persia durante la segunda parte de la guerra.

4) Esparta perdió cerca de la mitad de su población debido a una plaga en el 430 a. C.

5) Pericles fue agresivo e intentó luchar contra los espartanos en combate abierto.

6) Los espartanos comenzaron la guerra con una marina mejor que la de Atenas.

7) Hubo constantes combates entre el 431 y el 404 a. C.

8) Esparta derrota a Atenas en el 404 a. C. y los obliga a derribar sus largas murallas.

CAPÍTULO 7: FILIPO Y ALEJANDRO DE MACEDONIA

Mientras Atenas y Esparta se desgastaban en el sur de Grecia, un nuevo poder crecía en el norte. Una ciudad-estado llamada **Pella** se había hecho con el control de toda la región de **Macedonia** y quería más. Bajo el liderazgo del **rey Filipo II**, habían reformado su ejército y habían introducido mejoras en las armas, las armaduras y el estilo de lucha tradicionales griegos.

https://commons.wikimedia.org/wiki/File:Philip_II_of_Macedon_CdM.jpg

Los soldados griegos, llamados **hoplitas**, siempre llevaban un escudo circular, una lanza y una espada corta para la lucha cuerpo a cuerpo. Los cascos, corazas y otras armaduras eran comunes, pero cada hoplita tenía que comprar su propia armadura. Los campesinos pobres que luchaban no solían tenerlas. Los hoplitas se movían en formación de **falange**, lo que significaba situarse hombro con hombro con los de al lado, con al menos siete soldados de pie detrás de la primera línea. Cuando alguien de la primera línea resultaba herido, el siguiente estaba preparado para ocupar su lugar. El escudo de cada hoplita se solapaba con los escudos de su lado, haciendo que toda la falange fuera como un caparazón blindado. Las lanzas de los hoplitas impedían que el enemigo se acercara demasiado, y las flechas de los arqueros no solían atravesar sus escudos de madera, cuero y cobre.

Filipo aumentó el tamaño del ejército macedonio de diez mil soldados voluntarios a veinticuatro mil soldados profesionales. Recibieron uniformes, armas y armaduras y juraron ser leales a su rey. Otros soldados griegos luchaban por la ciudad-estado, pero el ejército macedonio luchaba por su rey sin importar de dónde fueran, por lo que Filipo podía reclutar soldados de todo su creciente imperio.

www.bdmundo.com, CC BY-SA 2.0 <https://creativecommons.org/licenses/by-sa/2.0>, via Wikimedia Commons https://commons.wikimedia.org/wiki/File:Monument_Alexander_the_great_(23738656582).jpg

After Charles Le Brun, CC0, via Wikimedia Commons https://commons.wikimedia.org/wiki/File:Charles_le_Brun_(design),_workshop_of_Jan_Frans_van_der_Hecke_-_Alexander_entering_Babylon_in_triumph.jpg

Los escudos que llevaban sus soldados eran más pequeños y ligeros, lo que les permitía ser más rápidos que otros ejércitos griegos. También cambió las lanzas, llamadas **sarisas**, que eran casi el triple de largas que las lanzas hoplitas tradicionales. Esto permitía que las tres primeras filas de la falange mantuvieran sus lanzas hacia adelante contra el enemigo que atacaba. Estos cambios fueron un éxito para Filipo, ya que fue tomando más y más territorio en Grecia. En el 338 a. C., ganó la **batalla de Queronea** contra Tebas y Atenas. Se hizo con el control de la reconstruida armada de Atenas y creó la Liga de Corinto con él a la cabeza, lo que lo convirtió en el líder de todas las ciudades-estado griegas excepto Esparta, que se negó a unirse. Filipo dejó pasar esto y en su lugar fijó la vista hacia el este con planes de invadir el Imperio persa. En el año 336 a. C., fue asesinado por uno de sus guardaespaldas, y sus planes de invasión quedaron en manos de su hijo, Alejandro.

No machine-readable author provided.
Patrickneil assumed (based on copyright claims)., CC BY-SA 2.5
<https://creativecommons.org/licenses/by-sa/2.5>,
via Wikimedia Commons https://commons.wikimedia.org/wiki/File:Alexander_Sarcophagus.jpg

Alejandro III, o más conocido como Alejandro Magno, se convirtió en rey de Macedonia a la edad de veinte años. Había ayudado a su padre en muchas batallas cuando era adolescente, pero invadir Persia era una historia muy diferente. Los griegos habían pasado más de cien años defendiéndose del Imperio persa, pero intentar invadirlos parecía una locura. Pero Alejandro era un gran **estratega** –además de un gran guerrero–, lo que significa que determinó las mejores maneras de ganar las batallas. Conocía la historia griega y se dio cuenta de que tendría que seguir sofocando rebeliones si se quedaba en Grecia. Al llevar a cabo los planes de su padre de invadir Persia, Alejandro unió a las ciudades-estado griegas contra su antiguo enemigo. En el año 334 a. C., Alejandro llevó a cincuenta mil soldados macedonios y otros griegos a través del mar para luchar contra el ejército de 200.000 hombres de la poderosa Persia.

El primer gran combate fue la batalla de Gránico, y tuvo lugar cerca del emplazamiento de la antigua Troya. Alejandro y su ejército utilizaron su formación de falange y sus sarisas para obtener una dura victoria y adentrarse en territorio persa. A medida que avanzaban, Alejandro pagaba a sus soldados permitiéndoles **saquear** las ciudades que se le rendían. Esto significaba que solo se les pagaba si tenían éxito, y también los animaba a seguir avanzando para ganar más dinero y objetos valiosos. Muchos griegos vivían en esta parte de Persia, llamada Asia Menor, y

Map_Macedonia_336_BC-es.svg: Marsyas (French original);
Kordas (Spanish translation)derivative work:
MinisterForBadTimes, CC BY-SA 2.5
<https://creativecommons.org/licenses/by-sa/2.5>,
via Wikimedia Commons https://commons.wikimedia.org/wiki/File:Map_Macedonia_336_BC-en.svg

Alejandro reclutó y entrenó a más soldados para reemplazar a los que había perdido. También reclutó a otros para que les ayudaran a transportar la comida, las armas y otros suministros en su largo viaje hasta el corazón del Imperio persa.

El siguiente gran combate para Alejandro y su ejército fue la **batalla de Issos** en el año 333 a. C. Esta vez el propio rey persa **Darío III** se presentó al frente de su ejército, pero Alejandro volvió a salir victorioso. Darío se vio obligado a huir, siendo la primera vez que un ejército dirigido por el rey persa era derrotado. Adentrándose en el vasto Imperio persa, Alejandro y su ejército lucharon, ganando cada batalla y reclamando nuevas tierras como propias. Volvió a encontrarse con el rey Darío en la **batalla de Gaugamela**, donde envió sus temibles carros de guerra a atacar al centro de la falange de Alejandro. La falange macedonia se

https://commons.wikimedia.org/wiki/File:Battle_of_Issus_mosaic_-_Museo_Archeologico_Nazionale_-_Naples_2013-05-16_16-25-06_BW.jpg

separó rápidamente, creando una brecha por la que los carros pudieron correr sin peligro. Se dieron la vuelta para volver a atacar al ejército de Alejandro, pero los macedonios estaban preparados para aprovechar su ralentización, atacándolos por ambos lados. La falange volvió a unirse y atacó la línea persa, que se rompió y se dispersó. Darío huyó de nuevo, y el ejército de Alejandro obtuvo su victoria más importante hasta el momento.

Persiguieron a Darío, saqueando **Babilonia** y **Susa** a su paso. Cuando alcanzaron al rey persa en **Bactriana**, ya estaba muerto. Muchos aristócratas persas comprendieron que la guerra había terminado, y comenzaron a cambiar de bando. Fue uno de los propios parientes de Darío, llamado **Bessos**, quien lo había capturado y matado. Alejandro ordenó un gran funeral para Darío, y luego continuó hacia la capital de **Persépolis**. Como acto final de venganza contra Persia por su invasión y destrucción de Atenas, el ejército de Alejandro quemó la hermosa ciudad hasta los cimientos.

Alejandro continuó luchando hasta el **río Ganges**, en Pakistán e India, donde su ejército derrotó a una caballería de elefantes de guerra antes de regresar finalmente a Babilonia para planificar su siguiente conquista en **Arabia**. A la edad de 32 años, había dirigido su ejército en quince batallas. Las lanzas lo habían herido en la cabeza y el pecho, y le habían disparado flechas que le atravesaron una pierna y uno de los pulmones. En el año 323 a. C., contrajo una fiebre repentina, perdió la capacidad de hablar y murió. Uno de los mayores imperios que ha visto el mundo se quedó sin líder.

Capítulo 7: Actividad de la línea de tiempo

En otra hoja de papel, utiliza una regla para trazar una línea de 9 pulgadas de largo. Empezando por el 1 marca cada pulgada hasta llegar a la octava. Encima de cada marca, escribe las siguientes fechas: 404 a. C., 338 a. C., 336 a. C., 334 a. C., 333 a. C., 331 a. C. y 330 a. C. Utilizando la lista de acontecimientos que aparece a continuación, escribe cada uno de ellos debajo de la línea de tiempo en la fecha correcta:

Batalla de Gaugamela, Incendio de Persépolis, Batalla de Issos, Muerte de Filipo II de Macedonia, Batalla de Queronea, Fin de la guerra del Peloponeso, Muerte de Alejandro Magno, Inicio de la invasión persa.

Materiales:

–una hoja de papel

–un boligrafo, lápiz o marcador

– regla

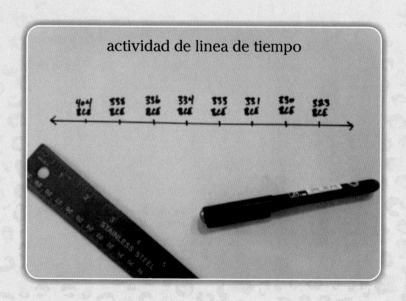
actividad de linea de tiempo

CAPÍTULO 8: LA ÉPOCA HELENÍSTICA

«**Al más fuerte**», fueron las últimas palabras que dijo Alejandro antes de morir. La voz le fallaba, y otros líderes macedonios querían saber quién sería el próximo rey de su enorme imperio. Nunca obtuvieron una respuesta clara, y cuatro de sus generales lucharon entre sí durante años antes de repartirse el territorio. **Lisímaco** se hizo con Tracia y Asia Menor, **Seleuco** con el antiguo territorio persa, **Casandro** con Macedonia y Grecia, y **Ptolomeo** con Egipto, Palestina y Chipre. La dinastía de Ptolomeo gobernó como faraones de Egipto hasta la muerte de Cleopatra en la época romana.

Javierfv1212, CC BY-SA 3.0
<https://creativecommons.org/licenses/by-sa/3.0>,
via Wikimedia Commons https://commons.wikimedia.org/wiki/File:Hellenistic_world_281_B.C..png

Todas estas zonas se **helenizaron**, es decir, se volvieron más griegas. Desde el 323 a. C. hasta el 31 a. C., el periodo se denomina **período helenístico** por lo mucho que la cultura griega llegó a dominar el mundo. Hasta Alejandro, los griegos permanecieron principalmente en torno al mar Egeo, pero su arte e ideas se encontraban ahora en todas partes. Por toda Asia y el norte de África se construyeron templos a las diosas

National Gallery of Art, CC0, via Wikimedia Commons
https://commons.wikimedia.org/wiki/File:Philip_Galle,_after_Maerten_van_Heemskerck,_Pharos_(The_Lighthouse_at_Alexandria),_1572,_NGA_156115.jpg

griegas, como el **Templo de Artemisa** en Éfeso (Turquía), y edificios de estilo griego, como el **Faro de Alejandría** (Egipto).

Hablando de Alejandría, el conquistador macedonio nombró «Alejandría» a decenas de ciudades de su imperio en su propio honor. Incluso llamó a una de ellas Bucéfalo, en honor a su caballo. Tener tantas ciudades con el mismo nombre era probablemente confuso, pero la lengua griega probablemente ayudaba a la gente a pedir direcciones. Se había convertido en una lengua común que la mayoría de la gente del antiguo imperio de Alejandro podía hablar o leer. Esto permitió que las ideas y las historias se difundieran a miles de kilómetros de su lugar de origen. Y hablando de miles de kilómetros, Alejandro construyó muchas carreteras que facilitaron el comercio desde Europa hasta la India. Este intercambio de ideas, bienes y cultura hizo que el mundo antiguo empezara a parecer un poco más pequeño.

Makeandtoss, CC0, via Wikimedia Commons
https://commons.wikimedia.org/wiki/File:View_of_Qasr_Al-Abd,_Amman.jpg

En Grecia, la gente producía algunas de las obras de arte más bellas jamás creadas. Sus esculturas de mármol eran increíblemente realistas y llenas de emoción y acción. Eso no es fácil de hacer con algo que no se mueve. Les daban expresiones faciales intensas y los mostraban con músculos tensos y torsos retorcidos. Esto era muy diferente de las esculturas anteriores, que mostraban a las personas inmóviles con la mirada perdida. La cultura griega también se vio influenciada por sus encuentros con tantas personas diferentes. A medida que aprendían la historia y la religión de otros pueblos, los griegos la escribían y la integraban en sus propias historias. Por ello, muchos historiadores consideran que la época helenística es una **fusión** de culturas y no solo la difusión de la cultura griega.

Capítulo 8: Actividad de comprensión: Dos verdades y una mentira

¿Puedes averiguar cuáles de las siguientes afirmaciones sobre la guerra del Peloponeso son verdaderas y cuáles son falsas?

Número 1:

- La era helenística en el 500 a. C.
- Alejandro dio a una ciudad el nombre de su caballo.
- El arte helenístico estaba lleno de movimiento y emoción.

Número 2:

- La mayor parte del mundo helenístico hablaba o leía en griego.
- Alejandro construyó carreteras que facilitaron los viajes y el comercio.
- Alejandro nombró a Ptolomeo como próximo rey antes de morir.

Número 3:

- El periodo helenístico fue una fusión de las culturas griega, asiática y africana.
- El imperio de Alejandro se dividió en dos partes después de su muerte.
- El faro de Alejandría se construyó en Egipto.

CAPÍTULO 9: LAS CONQUISTAS ROMANAS

El periodo helenístico marcó el fin del territorio griego independiente hasta los tiempos modernos. Una nueva potencia se había desarrollado en el Mediterráneo occidental con capital en **Roma**. Entre el 200 y el 146 a. C., los romanos comenzaron a expandirse por España, el norte de África y Grecia.

Pasztilla aka Attila Terbócs, Marsyas, WillyboyDerivative work: Amphipolis, CC BY-SA 4.0 <https://creativecommons.org/licenses/by-sa/4.0>, via Wikimedia Commons https://commons.wikimedia.org/wiki/File:Second_Roman%E2%80%93Macedonian_War-en.svg

El ascenso de Roma al poder fue muy similar al de Grecia en muchos aspectos. Al igual que los espartanos y los macedonios, eran fieros guerreros que pudieron conquistar la península itálica gracias a su superior entrenamiento y estrategias de batalla. Al igual que Atenas, desarrollaron una forma de gobierno democrática en la que los **plebeyos** tenían derecho a voto y poder político. Tuvieron que arrebatárselo a los aristócratas llamados **patricios**. No fue fácil y llevó mucho tiempo, al igual que la lucha de los atenienses contra su oligarquía. Los romanos votaban a las personas que los representaban en el gobierno, por lo que su tipo de democracia se llamaba **democracia representativa**. Los atenienses votaban directamente en la Asamblea, por lo que su tipo de democracia se llamaba **democracia directa**.

Los romanos incluso comparten muchos de sus mitos e historias con los griegos. En una de las historias, llamada la **Eneida**, un grupo de troyanos liderados por **Eneas** escapa del incendio de su ciudad provocado por los griegos micénicos. Emprendieron un largo y difícil viaje, en el que los dioses y diosas les ayudaron o perjudicaron, hasta que finalmente llegaron a Italia. Según la leyenda, Eneas era el antepasado del primer rey de Roma, llamado **Rómulo**.

Hans Splinter, Attribution-NoDerivs 2.0 Generic (CC BY-ND 2.0)
<https://creativecommons.org/licenses/by-nd/2.0/> via Flickr https://flic.kr/p/fzyRBE

El primer rival principal de Roma fue la ciudad de **Cartago** –en la actual Túnez–, que está en el norte de África. Las dos ciudades se enfrentaron a lo largo del Mediterráneo y acabaron librando una serie de guerras denominadas **guerras Púnicas**. Hacia el año 200 a. C., Roma había derrotado a Cartago en su mayor parte, y dirigió su atención hacia Macedonia y Grecia. Como siempre, ninguna de las ciudades-estado se llevaba bien. Los romanos se aprovecharon de ello mediante una alianza con la **Liga Aquea**.

Se trataba de las ciudades-estado del sur de Grecia, entre las que se encontraban muchas de las sospechosas habituales, como Esparta y Corinto. Nunca aceptaron ni les gustaron los gobernantes macedonios, y se unieron a los romanos contra ellos en la **segunda guerra Macedónica**, que duró del 200 al 197 a. C. Tras tres años de lucha, las **legiones** romanas se enfrentaron a la temida falange macedonia en la **batalla de Cinoscéfalas**. Las dos fuerzas, igualadas, se enfrentaron bajo la lluvia, el barro y la niebla hasta que los romanos rodearon a los soldados macedonios. Estos levantaron sus sarisas para mostrar su rendición, pero los romanos no entendieron esta señal o la ignoraron. Siguieron acercándose a los macedonios y los masacraron. Se desató el caos y los que pudieron escapar huyeron. Los macedonios y los romanos volvieron a enfrentarse en la tercera guerra Macedónica, y esta vez los romanos rompieron definitivamente su poder en la batalla de Pidna en el año 168 a. C.

Las legiones romanas lucharon de forma muy parecida a las macedonias, pero introdujeron algunos cambios en la falange clásica. En lugar de permanecer en un gran bloque, los romanos se alinearon más bien como un tablero de ajedrez, con bloques de soldados en una formación que se parece un poco a los puntos de la cara «cinco» de los dados de juego. También cambiaron sus escudos, utilizando un escudo ovalado más alto que protegía todo el cuerpo en lugar del escudo circular de los macedonios y los griegos.

https://commons.wikimedia.org/wiki/File:The_Destruction_of_Corinth_by_Thomas_Allom.jpg

La Liga Aquea se alegró cuando los macedonios fueron finalmente derrotados, pero su celebración no duró mucho. Los romanos ya no los necesitaban como aliados y empezaron a verlos como una amenaza. Ordenaron a la liga que se **disolviera**, pero esta se negó y declaró la guerra a los romanos, mucho más poderosos. Los aqueos no estaban ni mucho menos tan preparados como Macedonia, y los romanos pusieron fin a la brevísima guerra en el año 146 a. C. con la **batalla de Corinto**. Los griegos, desafiantes hasta el final, fueron finalmente derrotados. Sin embargo, su cultura siguió viva a través de los romanos. Saquearon Corinto y se llevaron a Italia el arte griego que luego imitarían. También quedaron impresionados por sus edificios y su arquitectura, y los diseños griegos inspiraron muchas de las futuras ciudades romanas.

Capítulo 9: Actividad de vocabulario:

¿Puedes relacionar cada palabra, persona o lugar con la descripción correcta?

1) Disolver
2) Batalla de cinoscéfalas
3) Cartago
4) Batalla de Corinto
5) Eneas
6) Guerra Púnica
7) Rómulo
8) Liga Aquea

a) El principal rival de los romanos en la actual Túnez
b) La batalla puso fin a las guerras romanas contra los griegos
c) Un troyano que escapó a Italia
d) La luncha entre Roma y Cartago
e) Romper o Terminar una alianza
f) El primer rey de Roma
g) Las ciudades-estado griegas que no querían a los macedonios
h) Una importante victoria romana contra macedonia

CAPÍTULO 10: ARTISTAS Y CIENTÍFICOS GRIEGOS FAMOSOS

Los griegos no solo inspiraron a los romanos. Su civilización comenzó y terminó hace más de dos mil años, y la sociedad moderna sigue aprendiendo de ellos. Veamos algunos de los líderes, pensadores y artistas griegos más importantes para ver cómo sus logros siguen influyendo en la actualidad.

Heródoto

Como se trata de un libro de historia, **Heródoto** encabeza esta lista. Su colección, llamada *Historias*, es famosa por sus relatos sobre las guerras greco-persas y otros acontecimientos de la Edad Clásica. Sus escritos son la razón por la que el mundo moderno sabe tanto sobre las hazañas de los trescientos espartanos en las Termópilas e incluso sobre los acontecimientos de los Juegos Olímpicos. Como la mayoría de los

Metropolitan Museum of Art, CC0, via Wikimedia Commons
https://commons.wikimedia.org/wiki/File:Cropped-removebg-herodotus-historian.png

historiadores actuales, Heródoto no fue testigo de los acontecimientos sobre los que escribió. Se lo considera el «**Padre de la Historia**» por sus cuidadosas entrevistas e investigaciones sobre los acontecimientos importantes. Si algunas de las historias parecen un poco exageradas, es solo porque así se las contaron a él.

Pericles

Pericles fue el líder más importante de Atenas y el principal responsable de su edad de oro. No inició la democracia en Grecia, pero la hizo avanzar.

https://commons.wikimedia.org/wiki/File:Pericles_Pio-Clementino_Inv269_n3.jpg

Vio que no bastaba con dar a la gente el derecho a votar, sino que también había que darles la posibilidad de hacerlo. Esto significaba pagar a los atenienses pobres por su tiempo en la Asamblea para compensar lo que perdían por no trabajar. Pericles aún no concedió estos derechos a las mujeres atenienses, y la esclavitud siguió formando parte de Atenas hasta el final. Las democracias modernas siguen trabajando para dar a todos los mismos derechos y, al igual que Pericles, todavía tienen mucho trabajo por hacer.

Platón y Aristóteles

Uno de los pensadores más importantes de la antigua Grecia fue un filósofo llamado **Platón**. Escribió un ensayo llamado la República que trataba de resolver todos los problemas de gobierno e incluso daba una sugerencia para un gobierno perfecto. Desgraciadamente, su solución era tener un rey sabio y poderoso, y esos eran difíciles de conseguir. También escribió sobre su maestro

https://commons.wikimedia.org/wiki/File:Sanzio_01_Plato_Aristotle.jpg

llamado Sócrates, que puede o no haber sido una persona real. **Sócrates** recorrió Atenas para hablar con personas que decían ser expertos. Les hacía un montón de preguntas hasta que tenían que admitir que realmente no sabían de qué estaban hablando. La afirmación más famosa de Sócrates es que él era la persona más inteligente del mundo por la sencilla razón de que sabía que no sabía nada.

Platón fundó una escuela en Atenas llamada **La Academia**, y el alumno más famoso que salió de ella fue **Aristóteles**. Sus escritos sobre ética fueron influyentes durante miles de años. Su filosofía básica era que las personas debían ser **virtuosas**, lo que significaba desarrollar sus rasgos buenos y mantenerlos en equilibrio para que no se convirtieran en rasgos malos, llamados **vicios**. Por ejemplo, consideraba que la **ambición** era una virtud porque ayudaba a las personas a tener éxito en la vida. Si la ambición era escasa, la persona se volvía perezosa, y si era demasiado ambiciosa, se volvía codiciosa y cruel. La pereza, la avaricia y la crueldad eran vicios porque representaban una ambición desequilibrada. Aristóteles también era un **naturalista**, y trató de **clasificar** todas las plantas y animales en grupos similares. Esto puede parecer un pasatiempo extraño, pero ha conducido a nuestra comprensión actual de cómo se

https://commons.wikimedia.org/wiki/File:School_of_Athens_Raphael_detail_01.jpg

relacionan los organismos entre sí y por qué llamamos a algunas cosas «hongos» y a otras «reptiles». Aristóteles también fue tutor de Alejandro Magno antes de que iniciara su invasión de Persia.

Los matemáticos: Euclides y Arquímedes

Euclides nació en el año 325 a. C., más o menos cuando Alejandro Magno luchaba contra los elefantes de guerra en la India. Se lo llama el «**Padre de la Geometría**» porque reunió todas las ideas de la época y las relacionó. Su libro, titulado *Elementos*, comenzaba con solo cinco supuestos sobre la geometría, llamados **axiomas**. Estos axiomas no se podían demostrar, pero eran cosas que parecían obvias. A partir de estos axiomas, construyó todo el campo de la geometría que todavía se estudia hoy en día.

https://commons.wikimedia.org/wiki/File:Domenico-Fetti_Archimedes_1620.jpg

Arquímedes es una de las personas más brillantes que han existido. Fue un matemático, inventor, ingeniero y astrónomo que demostró muchas fórmulas geométricas. También creó más o menos el campo de la física al tomar sus teorías matemáticas y aplicarlas al mundo real para crear **máquinas simples**. La anécdota más famosa sobre Arquímedes es cómo descubrió cómo medir el **volumen** de cualquier objeto (cuánto espacio ocupaba). Como se sentía frustrado y no podía encontrar una respuesta, decidió darse un baño. Llenó la bañera con un poco de agua de más y, al meterse en ella, vio cómo subía y se derramaba por el borde. «¡EUREKA!», gritó triunfante. Se dio cuenta de que el volumen de cualquier objeto era igual al volumen de agua que desplazaba (el espacio que ocupaba), al igual que su propio cuerpo empujaba el agua fuera de la bañera.

user:shakko, CC BY-SA 3.0 <https://creativecommons.org/licenses/by-sa/3.0>, via Wikimedia Commons https://commons.wikimedia.org/wiki/File:Sophocles_pushkin.jpg

Sófocles

Los griegos son probablemente más famosos por sus increíbles historias, y una de las formas en que las contaban era a través de obras de teatro. **Sófocles** fue un **dramaturgo** que vivió durante la edad de oro de Atenas y es recordado sobre todo por su historia titulada *Edipo Rey*. En esta **tragedia**, un rey recibe la **profecía** de que su hijo pequeño crecerá para asesinarlo y casarse con su mujer. El rey tiene miedo y ordena a un criado que lleve al bebé a una montaña cercana y lo mate. Cuando llegó allí, no pudo hacerlo. En lugar de matarlo, se lo entregó a un pastor. Este volvió ante el rey y mintió diciendo que el acto estaba hecho. El pastor crió a Edipo como propio y nunca le dijo que él y su esposa no eran sus padres biológicos. Un día, cuando Edipo creció, visitó un **oráculo** que le dijo la misma profecía que recibió el rey: mataría a su padre y se casaría con su madre.

Edipo se horrorizó y abandonó rápidamente la ciudad para que la profecía no tuviera ninguna posibilidad de cumplirse. De camino a **Tebas**, se encontró con un hombre mayor en el camino y se enzarzaron en una discusión. El anciano golpeó a Edipo, y este lo agarró y lo arrojó de su carro. La caída mató al anciano, que era el padre de Edipo. Él aún no lo sabía y continuó hacia Tebas. Cuando llegó, conoció a una mujer llamada Yocasta, y se enamoraron. Yocasta, como habrás adivinado, era su madre. ¡Qué asco! Cuando descubrieron la verdad, Yocasta se ahorcó, y Edipo se apuñaló en los dos ojos. La gran pregunta que Sófocles quería que el público se planteara era esta: **¿Cuánto control tienes sobre tu propia vida?** Es una gran pregunta y la razón por la que la obra sigue siendo leída por los estudiantes de secundaria y de la universidad hoy en día.

Capítulo 10: Actividad: ¡Investiga más a fondo!

Elige uno de los griegos famosos de los que se habla en este capítulo e investiga un poco más. Intenta encontrar la siguiente información:

1) Cuándo nació.

2) Qué edad tenían cuando murió.

3) Un logro que no se haya mencionado en este libro.

4) Tres datos curiosos.

Extra: ¡Busca una foto de ellos y trata de hacer un disfraz para ti con lo que puedas encontrar por la casa!

Referencias

Admin. "The Ancient History of the Olympics." Kids Blog, 22 Aug. 1970, www.wcl.govt.nz/blogs/kids/index.php/2016/08/22/the-ancient-history-of-the-olympics/.

"Alexander the Great - History Facts for Kids." History for Kids, 7 Feb. 2020, www.historyforkids.net/alexander.html.

Ancient Greece for Kids - Athens, www.primaryhomeworkhelp.co.uk/greece/athens.htm.

"Ancient Greece for Kids | Learn All Ancient Greek History with This Fun Overview." YouTube, YouTube, 12 Nov. 2019, www.youtube.com/watch?v=RchSJSJAbc0.

"Ancient Greece." Ducksters, www.ducksters.com/history/ancient_greece/decline_and_fall_of_ancient_greece.php.

"Ancient Greece." Ducksters, www.ducksters.com/history/ancient_greece/peloponnesian_war.php.

"Ancient Greece." Ducksters, www.ducksters.com/history/ancient_greece/persian_wars.php.

"Ancient Greece." Ducksters, www.ducksters.com/history/ancient_greek_athens.php.

"Ancient Greece." Ducksters, www.ducksters.com/history/ancient_greek_olympics.php.

"Ancient Greek Olympics - Facts for Kids." History for Kids, 7 Feb. 2020, www.historyforkids.net/ancient-greek-olympics.html.

"Ancient Greek Science Facts for Kids." History for Kids, 7 Feb. 2020, www.historyforkids.net/ancient-greek-science.html.

Cartwright, Mark. "Battle of Thermopylae." World History Encyclopedia, World History Encyclopedia, 4 Sept. 2021, www.worldhistory.org/thermopylae/.

"The City of Athens." History for Kids, 7 Feb. 2020, www.historyforkids.net/the-city-of-athens.html.

"Decline and Fall of Greece." History for Kids, 7 Feb. 2020, www.historyforkids.net/decline-and-fall-of-greece.html.

"Decline and Fall of Greece." History for Kids, 7 Feb. 2020, www.historyforkids.net/decline-and-fall-of-greece.html.

Encyclopædia Britannica, Encyclopædia Britannica, Inc., kids.britannica.com/kids/article/Peloponnesian-War/390830.

"The Golden Age of Athens." History for Kids For Kids, Nile River, Gods, Maps and Pyramids, www.history4kids.co/2013/08/the-golden-age-of-athens.html.

"Greco–Persian Wars Facts for Kids." Wikt:Revenge, kids.kiddle.co/Greco%E2%80%93Persian_wars.

"Greek Philosophers." History for Kids, 7 Feb. 2020, www.historyforkids.net/ancient-greek-philosophers.html.

"Hellenistic Greece for Kids." Hellenistic Greece for Kids and Teachers - Ancient Greece

for Kids, greece.mrdonn.org/hellenistic-greece.html#:~:text=Hellenistic%20means%20imitating%20the%20Greeks,the%20people%20around%20the%20Mediterranean.

"Hellenistic Period Facts for Kids." Hellenistic Period Facts for Kids, kids.kiddle.co/Hellenistic_period.

IkenEdu. "The Golden Age of Ancient Greece." YouTube, YouTube, 3 Dec. 2012, www.youtube.com/watch?v=Jr4faJfqyG0.

"The Internet Classics Archive: Oedipus the King by Sophocles." The Internet Classics Archive | Oedipus the King by Sophocles, classics.mit.edu/Sophocles/oedipus.html.

The Macedonian Conquest of Persia, sites.psu.edu/alexanderthegreatconquests/the-conquest-of-the-persian-empire/.

Mark, Joshua J. "Alexander the Great & the Burning of Persepolis." World History Encyclopedia, World History Encyclopedia, 6 Sept. 2021, www.worldhistory.org/article/214/alexander-the-great--the-burning-of-persepolis/#:~:text=After%20Darius%20III's%20defeat%2C%20Alexander,aud ience%20halls%20which%20had%20made.

"Mycenae Facts for Kids." Mycenae Facts for Kids, kids.kiddle.co/Mycenae#:~:text=It%20is%20about%2090%20km,BC%20is%20called%20Mycenaean%20Greece., www.history4kids.co/2013/08/early-people-of-greece-and-mycenaeans.html, kids.britannica.com/kids/article/Trojan-War/353873.

"Olympic Games Facts for Kids." Olympic Games Facts for Kids, kids.kiddle.co/Olympic_Games#Ancient_Olympics.

"Peloponnesian War Facts for Kids." Peloponnesian War Facts for Kids, kids.kiddle.co/Peloponnesian_War.

"Peloponnesian War." History for Kids, 7 Feb. 2020, www.historyforkids.net/peloponnesian-war.html.

The Peloponnesian Wars, www.penfield.edu/webpages/jgiotto/onlinetextbook.cfm?subpage=1649849.

"Persian Wars Facts for Kids." History for Kids, 17 July 2019, www.historyforkids.net/persian-wars.html.

"Philip II of MACEDON Facts for Kids." Philip II of Macedon Facts for Kids, kids.kiddle.co/Philip_II_of_Macedon.

"Philip II of MACEDON Facts for Kids." Philip II of Macedon Facts for Kids, kids.kiddle.co/Philip_II_of_Macedon.

Sparta - Ancient Greece for Kids, www.primaryhomeworkhelp.co.uk/greece/sparta.htm.

"Sparta Facts for Kids." History for Kids, 7 Feb. 2020, www.historyforkids.net/sparta.html.

Wasson, Donald L. "Battle of Gaugamela." World History Encyclopedia, World History Encyclopedia, 6 Sept. 2021, www.worldhistory.org/Battle_of_Gaugamela/.

Made in the USA
Las Vegas, NV
04 December 2023